**La vie est une succession d'expériences**

La vie est une succession d'expériences est le récit de vie d'Irène Primault. Elle tenait à laisser une trace de son histoire à ses petits-enfants et arrières petits-enfants. Dans cette transmission qu'elle offre, elle navigue entre les souvenirs intimes d'une vie et les souvenirs de la grande histoire.

Nous avions rendez-vous tous les quinze jours, le vendredi à 15h00, un rendez-vous qu'Irène attendait impatiemment.

Elle se racontait avec tant de ferveur que parfois mon stylo avait du mal à suivre. Je retrouvais dans les yeux d'Irène le pétillement malicieux de la petite fille qui habitait Yzeures sur Creuse.

Son désir d'écrire son histoire est à la hauteur de l'amour qu'elle porte à sa famille : vif, généreux, dévoué…

Son livre est écrit, un sourire affiché fièrement, Irène a accompli ce qui lui tenait à cœur : la transmission de son histoire.

Merci Irène pour ces moments d'écriture et de partage.

        Pascaline Duchemin-Pinard

# L'enfance

## **Je suis une enfant du péché :**

Je suis née avant que mes parents se marient.

A l'époque, ce n'était pas bien vu et cela ne se faisait pas. Aujourd'hui, on fait des enfants avant même de se marier et bien souvent on se marie longtemps après la naissance des enfants. Et cela ne gêne plus personne.

Mais à l époque de ma naissance : le 21 avril 1928, c'était autre chose. Les coutumes et les traditions avaient la dent dure.

Les parents de mon père ne voulaient pas que mon père se marie avec ma mère.

Les parents de mon père étaient ce que l'on appelle des propriétaires terriens. Ils n'étaient pas riches mais cela ne faisait rien puisque ce qui comptait, c'était qu'ils soient propriétaires. Être propriétaire, c'était quelque chose.

Quand aux parents de ma mère, ils étaient de simples fermiers alors dans l'échelle sociale, ils étaient au plus bas. Donc forcément ma mère n'était pas assez bien pour mon père aux yeux de mes grands-parents paternels.

Mais ils ont fini par se marier.

Comme je le disais, je suis née le 21 avril 1928, j'ai été baptisée le 28 avril 1928 à Vicq sur Gartempe et mes parents se sont mariés le 12 novembre 1928.

Le jour de son mariage, ma mère portait une belle robe en satin marron clair. Elle ne pouvait pas porter une robe de mariée blanche parce qu'à l'époque, elle était « une fille-mère » comme on disait. Et c'était très mal vu.

Il n'y a pas eu non plus de carillon à la fin de la cérémonie religieuse pour annoncer leur mariage : on ne le méritait pas !

Ce fut très dur pour ma mère mais elle ne disait rien. Elle endurait tout.

Ma maman n'a jamais été très heureuse, je crois.

C'était une femme effacée. Elle se pliait à tout. De toute façon, elle n'avait pas le droit à la parole.

Elle travaillait à la ferme de mes grands-parents paternels : traire les vaches, soigner les volailles, aider ma grand-mère dans les tâches de la maison, c'était son quotidien.

L'entente avec ma grand-mère n'était pas facile. Elle n'a jamais eu sa place dans la famille de mon père.

Elle était très brune et myope. Elle portait de grosses lunettes. Elle était l'ainée d'une fratrie de cinq filles.

Elle est décédée avant mon père, d'une leucémie à 78 ans. Elle a combattu cette maladie pendant cinq ans.

Je suis fille unique et cela a toujours été ma plus grande désolation. On devient égoïste quand on est seule.

Je ne pensais qu'à moi et je n'avais personne avec qui partager quelque chose. Et quand les grands-parents s'en vont et bien il n'y a plus personne.

Je n'ai jamais su pourquoi j'étais fille unique. Peut-être que mon père n'en voulait surement pas d'autres.

Mon père s'appelait Célestin Maronneau et il est né le 29 janvier 1905 à Yzeures sur Creuse.

Ma mère s'appelait Fernande Maigret et elle est née le 15 février 1908 à Saint Pierre de Maillé.

*Mes parents*

## **Mon enfance à la Pluche :**

J'ai vécu toute mon enfance à la campagne. J'habitais dans une petite ferme isolée à Yzeures sur Creuse dans un village qui s'appelait La Pluche. Je vivais avec mes parents et mes grands-parents. Je les aimais bien mes grands-parents.

Mon grand-père s'appelait François Maronneau, il était né le 18 juillet 1858.Il avait huit frères et sœurs.

Ma grand-mère Augustine est née le 08 janvier 1868 et elle avait quatre frères et sœurs.

Mon grand-père paternel ne savait pas lire alors quand j'ai commencé à apprendre à lire, je lui faisais la lecture. J'étais tout pour mon grand-père. Il était très dur avec mon père alors qu'avec moi, c'était tout le contraire.

Ma mère n'était pas sévère avec moi mais mon père, lui c'était autre chose. C'était un homme dur et qui ne montrait pas beaucoup son amour. Quand il décidait quelque chose pour moi, ce n'était pas la peine de le contredire !

Ma grand-mère paternelle était une femme ordinaire. J'étais souvent avec elle. Un jour, je ne sais pas ce qui m'avait pris, j'ai jeté une grosse motte de terre dans les petits pois que venait d'écosser ma grand-mère !

Quand mes grands-parents sont morts, j'ai ressenti un grand vide, je me suis retrouvée tellement seule.

Mon grand père est mort en 1935. J'ai récité le Notre Père et Je vous salue Marie. Aujourd'hui tout ça s'est démodé.

Ma grand-mère paternelle Augustine est morte en 1942.

J'ai été élevée dans la campagne arriérée vous savez. Quand j'y repense aujourd'hui, je me dis : « Oh mon dieu, c'était vraiment la campagne, un trou comme on dit ! ».

*Mes grands-parents paternels*

*Augustine, ma grand-mère à 20 ans*

Mes grands-parents maternels :

Ma grand-mère s'appelait Marie et elle est née le 01 Juillet 1887 à Vic Gartempe.

Mon grand-père s'appelait Désiré et il est né à Antony dans la Vienne.

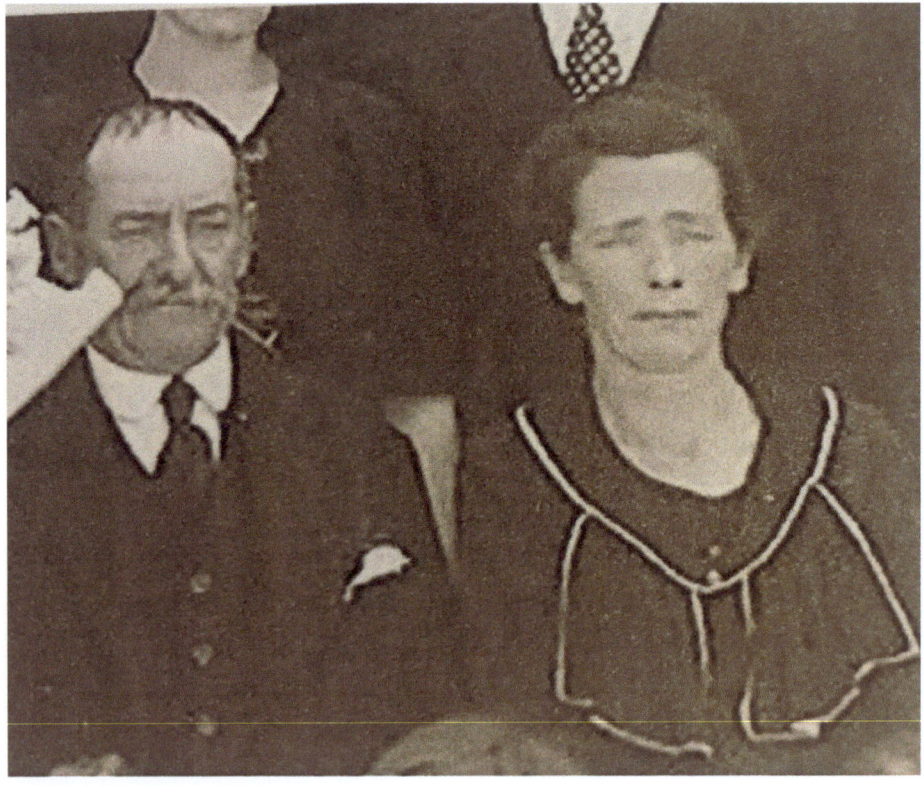

*Mes grands-parents maternels*

Comme j'étais une enfant unique, je n'avais personne pour jouer avec moi et je jouais seule. J'aimais bien le palet, la balle. Je peux dire que j'étais une enfant capricieuse.

J'étais très gourmande, j'aimais le chocolat et je détestais les épinards.

Aujourd'hui, je mange des épinards et j'aime ça !

## **Les premiers signes d'évolution :**

J'avais six ans quand l'électricité est arrivée à la maison.

C'était la panique. Les bonnes femmes, elles avaient peur d'appuyer sur le bouton de peur que cela prenne feu.

L'électricité donnée à tout le monde, c'était la révolution !

Je me rappelle les premières lampes au-dessus de la table. Il y avait une chaine avec un poids pour faire descendre ou monter la lampe. Aujourd'hui l'électricité fait partie de la vie courante et c'est quand il y a des pannes d'électricité que c'est la panique aujourd'hui.

On s'éclairait à la bougie puis plus tard à la lampe à pétrole et à la lampe pigeon.

Il fallait emmener les lampes tempêtes à l'étable pour aller traire les vaches.

Quand ils ont inventé l'électricité, vous auriez vu les bonnes femmes, elles n'osaient pas toucher les boutons. Et quand elles ont eu le fer à repasser, elles avaient la trouille qu'il explose. Ce fut une très grande révolution pour nous.

Aujourd'hui tout semble facile et comme si cela avait toujours existé mais quand on y repense, il faut que l'Homme ait une grande capacité d'adaptation pour vivre les évolutions.

Vous imaginez, moi, la gamine éclairée à la bougie, aujourd'hui je vis dans le siècle où on s'envoie des emails, des photos par internet et où on se parle dans un ordinateur en se voyant.

Le mot confort n'existait pas dans mon enfance. La ferme dans laquelle je vivais était rudimentaire.

Il n'y avait pas de salle de bain. Il fallait aller chercher l'eau à la pompe dehors, pas loin de la maison.

Tous les samedis, c'était la grande toilette. On faisait chauffer l'eau dans la marmite qui était dans la cheminée.

Ah, la fameuse cheminée qui fumait ! Il fallait ouvrir la porte ou la fenêtre pour que la fumée sorte.

Puis on mettait l'eau chaude dans un grand baquet qui était tout près de la cheminée. On se mettait dedans et on se lavait. C'était comme un bain !

Pour la petite histoire, mes deux premiers enfants ont été lavés dans le baquet parce que nous avons eu l'eau courante seulement en 1959. L'année où mon dernier fils est né.

Maurice, il aimait faire pipi dans le baquet ! Il était toujours content de sa bêtise. Quel petit cochon !

Revenons à mon enfance et à la toilette. Comme je le disais le samedi, c'était jour de grande toilette. Les autres jours de la semaine, on se débarbouillait : visage, mains, pieds, à l'eau froide l'été et à l'eau chaude en hiver.

A cette époque, les hommes allaient dehors, directement à la pompe pour se laver et se raser. Ils avaient installé un miroir et avec le coup chou, ils se faisaient beaux.

Ce n'est pas facile par exemple pour mes arrières petits enfants d'imaginer la vie à mon époque. Aujourd'hui, le confort est dans toutes les maisons quel que soit le statut social.

C'était certes une vie plus rude, plus dure mais peut-être était elle plus saine, plus respectueuse de l'environnement ?

## **L'école :**

J'ai été en école privée avec des sœurs à l'école Notre Dame à Yzeures sur Creuse. Ma grand-mère était très croyante.

Ça a été dur au départ. Je ne voulais pas y aller. J'avais une voisine qui avait commencé l'école avant moi et elle me trainait parce que je ne voulais pas aller à l'école.

Je ne voulais pas quitter la maison. Je n'étais pas habituée à sortir et j'étais une enfant renfermée. Mais je m'y suis finalement habituée. On apportait notre déjeuner à l'école car il n'y avait pas de cantine. Entre l'école et la maison ; il y avait 1 km seulement.

Je portais des galoches en bois et quand il pleuvait je portais un capuchon.

Je ne m'entendais pas avec les filles du bourg, cela ne collait pas bien entre nous. Elles étaient sacrément coquettes et bien plus modernes que nous.

A partir 8-10 ans, je rentrais manger chez moi le midi. Il y avait une côte à monter pour rejoindre la maison. Pour la monter, c'était dur mais pour la descendre, c'était au galop. Ma mère, elle était désolée car elle pensait que je n'avais pas le temps pour déjeuner correctement.

Mon père, il disait « Ne te tracasse pas pour elle, cela ne va pas durer ! ». Pourtant, j'ai fait cela jusqu' à la fin du secondaire.

J'étais nulle en gymnastique. Je me souviens qu'on devait monter à la corde mais je détestais cela. J'ai toujours été zéro dans le sport. Ah ! et aussi dans le dessin ! J'étais plutôt une littéraire. J'aimais bien le français et aussi les maths même si c'était plus dur.

Encore aujourd'hui, j'aime bien faire les jeux de mots mais faire les comptes, c'est autre chose !

Je me rappelle de mes camarades de classe : Suzanne Balanger, Elisabeth Véron, Suzanne Carsault, Renée et Gabrielle Carsault, Yvonne Richer, Eliane Brunet, Marie Sirot, Thérèse Baudet.

On allait à la messe ensemble le dimanche matin et l'après-midi, on se retrouvait dans une salle avec d'autres enfants pour jouer.

On s'amusait à tourbillonner dans la cour. J'avais tellement tourbillonné que je suis tombée dans les pommes et je me suis évanouie.

Un jour que l'on revenait de l'école avec ma copine Suzanne, on aperçut la sœur de mon grand-père. C'était une vieille chipie. Elle ne parlait à personne.

Elle était allée chercher des fougères avec son mari. A l'époque, on utilisait les fougères pour faire du paillage afin de se protéger du gel.

Bref, elle montait une petite côte en poussant sa brouette. Son mari tenait les bras de la brouette et elle, elle tirait la brouette devant avec une corde.

Donc, comme je le disais, on rentrait de l'école avec ma copine Suzanne et qu'est-ce qu'on a rigolé en voyant la vielle chipie et sa brouette !

Deux jours après, le lundi matin, c'était le drame. La veille chipie avait tout raconté à la maitresse. On s'est fait fâchées parce qu'on devait respecter les anciens et surtout sa grande tante !

J'ai eu bien sûr des lignes à faire ! Je lui en ai toujours voulu à ce vieux chameau !

Comme beaucoup de personnes de mon âge, j'ai écrit à la plume. Et bien ce n'est pas facile d'écrire à la plume ! Quand on commence à écrire à la plume, on fait toujours des tâches et puis il fallait que notre encrier soit toujours propre.

Je me souviens aussi qu'on avait une maîtresse infirme, Madame Rimbault. Elle était gentille mais très exigeante.

Quand je bavardais avec une copine et je bavardais souvent, je me prenais son moignon dans la figure !

ou bien j'avais des lignes à faire. J'en ai fait beaucoup des lignes car j'étais vraiment très bavarde.

Il y avait Melle Brault, c'était une très bonne institutrice. Elle était très juste avec ses élèves.

Elle s'occupait des grandes classes. Tous ses élèves, chaque année, avaient le certificat d'études.

J'ai été à l'école des filles. Et j'étais en général dans les premières de classe. J'aurai bien aimé continuer les études mais mon père n'a jamais voulu que je poursuive mes études. Il aurait pu financer mes études puisque j'étais fille unique. Mais il était trop près de ses sous.

J'ai eu mon certificat d'études à douze ans et comme l'école était obligatoire jusqu'à treize ans, j'aurais dû faire une année supplémentaire à Preuilly sur Claise. J'aurais pu commencer à apprendre l'algèbre et à faire des rédactions.

Mais il en était pas du tout question pour mon père. Il fallait que j'aide à la ferme, un point c'est tout !

J'aurais voulu être secrétaire de mairie. A ce moment-là, on pouvait rentrer un peu partout assez facilement, il fallait juste un peu d'instruction. Mais comme je craignais mon père, je n'ai pas osé lui parler de mes projets et je suis sortie de l'école à 13 ans.

On craignait nos parents et on ne leur répondait pas : on n'avait pas intérêt. Il fallait aider les parents, c'était comme ça !

J'ai gardé les vaches, j'ai trait les vaches. Je faisais la boniche comme je disais souvent et cela n'avait rien de drôle. Il n'y avait pas de place pour les rêves.

C'était comme ça, c'était l'époque, c'est vrai mais il reste toujours un peu quelques regrets.

## **Un de mes plus beaux souvenirs d'école : la fête des écoles :**

On faisait ce jour-là une pièce de théâtre. On avait tous un petit rôle. L'institutrice nous aidait et nous faisait répéter. C'était souvent des petits sketchs.

Je me rappelle qu'on avait fait un spectacle sur les cerises. Au début des répétitions, elles n'étaient pas mûres mais plus on avançait dans le travail plus elles murissaient. Ce qui était difficile, c'était de les regarder sans pouvoir les manger. Nous étions tous des petits gourmands. Alors bien évidemment ce qui devait arriver arriva : nous les mangions alors que nous n'aurions pas dû. C'était trop amusant.

Une autre année, on avait fait une pièce de théâtre qui se jouait dans un tribunal. Je ne me souviens pas trop de l'histoire mais je sais que l'adversaire avait le même avocat.

On faisait souvent cette fête de l'école à Noël.

A la fin de l'année scolaire, on faisait aussi des kermesses. Cela se faisait à l'extérieur. Et là c'était plutôt des danses, des ballets. Il y avait des jeux aussi comme les fléchettes, la pêche à la ligne avec les canards. C'était toujours drôles les surprises que l'on pouvait pécher. Les parents étaient là. C'était une fête très traditionnelle qu'il ne fallait pas louper.

Il y avait aussi une exposition des travaux manuels que nous faisions dans l'année pendant les cours du samedi comme nos travaux de couture par exemple avec la couture anglaise, les ourlets, le point de croix, les canevas, les napperons.

Je n'étais pas très forte en couture mais en broderie, je me débrouillais à peu près. Je n'étais pas très patiente déjà à l'époque. Nos travaux étaient exposés avec notre nom.

Mais le plus important, c'était la remise des prix : il y avait par exemple le prix de l'excellence, le prix de l'orthographe, de lecture ou de calcul.

C'était toujours un peu trop glorieux de recevoir un prix mais cela pouvait aussi pour certains être très humiliant, ceux qui ne réussissaient pas, ce n'était pas toujours de leur faute.

On recevait de beaux cadeaux comme des livres avec des couvertures rouges et dorées. On adorait ces prix.

Cela n'existe plus aujourd'hui et heureusement moi je dis !

On quittait bien souvent l'école à 13 ans, on avait tout vu. A six ans, on savait lire sans difficulté.

Les méthodes d'apprentissage étaient dures mais elles fonctionnaient bien.

A la fin de l'école, j'ai appris le solfège et un peu de piano mais pas question de continuer car il fallait travailler. J'aimais beaucoup la musique.

Je m'y suis remise un peu, bien plus tard, grâce au synthétiseur d'une de mes petites filles. Je me débrouillais pas mal. J'ai gardé quand même quelques notions de solfège.

Petite fille, je lisais beaucoup et j'aimais jouer avec les mots. Je lisais Lisette, un magazine pour les enfants où il y avait toujours de belles histoires.

Et j'aimais aussi les romans policiers et les romans d'amour. Comme aujourd'hui, je lis toujours beaucoup.

Ce qui a beaucoup changé aussi entre mon époque et celle de mes petites filles : c'est la communication.

A mon époque, on n'expliquait rien aux enfants et par exemple on n'expliquait pas aux petites filles les règles. On ne parlait pas de choses pudiques.

Il y avait beaucoup de choses tues, de secret de famille par exemple, il y avait beaucoup d'inceste mais on ne disait rien.

Aujourd'hui, je trouve que c'est bien qu'on puisse expliquer les choses de la vie aux enfants pour leur bien et leur sécurité.

# Entre enfance et adolescence : L'insouciance volée

*Mes 15 ans*

## **La guerre :**

La guerre est arrivée en 1939. J'avais onze ans. J'avais fait ma communion solennelle. Mon père a été mobilisé dès le début de la guerre. Il était dans la Marne.

En 1940, il a été envoyé dans le Var. il n'a jamais été fait prisonnier. Il n'a jamais été sur le front. Nous n'avions ni la télé, ni la radio. Alors pour avoir des nouvelles de mon père, nous devions attendre ses lettres. Entre deux lettres, nous étions dans le vague. J'étais souvent très inquiète de ne pas avoir des nouvelles de mon père, de ne pas savoir où il était, ce qui se passait.

Ça chamboule une enfance !

Puis mon père est rentré à la maison. Il était devenu encore plus dur qu'avant. Il n'a pratiquement jamais parlé de cette période. On n'a jamais vraiment su ce qu'il avait pu vivre.

A la maison, les voisins nous ont beaucoup aidé ainsi que les parents de ma mère.

Nous étions en zone libre, une sacrée chance ! Comme on était en pleine campagne et que nous vivions dans une ferme, nous mangions à notre faim. Alors qu'en ville, ils étaient bien plus malheureux que nous.

Nous avions des poules, des lapins, des cochons.

J'ai connu aussi le couvre-feu. Il fallait éteindre la lumière à partir d'une certaine heure et interdiction d'être dehors.

On ne sortait pas beaucoup. J'avais des copines et on allait danser chez une copine en cachette. On s'amusait comme on pouvait dans cette période difficile. On se faisait des copines, des copains grâce à la messe. C'est là que j'ai rencontré mon futur mari pendant la guerre. Petit à petit les choses sérieuses entre nous deux, ont pris de l'ampleur.

A l'époque de la guerre, on se retrouvait à la salle paroissiale. On s'y retrouvait pour jouer, pour parler. C'est le curé qui nous prêtait sa salle. Quand il venait nous voir, nous étions toujours très sages mais quant il n'était pas là, c'était autre chose. « Quand le chat n'est pas là, les souris dansent ! »

Notre curé était un homme très cultivé, très compétent.

Ses parents étaient bijoutiers en Indre et Loire. Il était issu d'une famille fortunée. Il a fait des études d'avocat je crois mais il a loupé ses examens alors il a suivi le séminaire et est devenu curé.

Il jouait de l'harmonium et parlait couramment allemand et anglais. Il était très exigeant et il ne fallait pas jouer le fanfaron devant lui.

Il me reste malgré tout quelques bons souvenirs de cette triste période comme par exemple :

Il y avait une vieille femme qui n'arrêtait pas de rouspéter et nous, plus elle rouspétait, plus on faisait sonner nos sonnettes de vélo. C'était bien drôle. Elle était certes pénible mais nous, nous étions très intrépides et taquins !

On organisait des bals clandestins. Il y avait une ferme dans la forêt pas très loin de la ferme de mes parents.

On dansait dans la grande cuisine. Il y avait un garçon qui jouait de l'accordéon.

C'était un moment de distraction. En effet, on avait durement travaillé toute la semaine alors le dimanche, on avait envie de respirer, de mettre entre parenthèse la guerre.

La mère des trois filles de la ferme nous faisait des galettes.

En fait, c'était un peu comme le confinement mais en plus grave.

Tout pouvait arriver, tout pouvait s'arrêter n'importe quand alors autant profiter du peu de liberté qu'il nous restait !

Je n'ai pas souvent eu peur pendant cette guerre mais il y a une période qui m'a fait vraiment peur : celle de la débâcle et surtout cet épisode que je vais vous raconter maintenant.

Il faut savoir qu'en 1944, toute la France était envahie par les allemands et qu'en aout 1944, ça bombardait dur.

C'était le 27 ou 28 aout 1944, je ne me souviens pas exactement. Il y avait la débâcle des allemands qui occupaient le pays depuis cinq ans.

Ces derniers temps, le maquis s'était formé, il était bien organisé pour défendre le pays. Les allemands fuyaient en semant l'horreur partout où ils passaient.

A Yzeures sur Creuse, où j'habitais à l'époque chez mes parents. Il y avait eu beaucoup de dégâts.

Dans le bourg, une famille avait été meurtrie et assassinée. Un jeune homme, le fils Martin qui était maquisard avait été martyrisé puis fusillé.

Sur la route d'Yzeures à Tournon, ils avaient incendié entièrement deux villages. Ils avaient pris deux femmes en otages : Me Peronnet et Me Joyeux .

Dans un village voisin, les allemands avaient aussi mitraillé un pauvre homme dans son champ.

Ils ont continué à prendre des otages dont cinq qui garderont cette journée gravée à jamais dans leur mémoire.

Il s'agissait de Paul Primault (qui est devenu mon mari deux ans plus tard), Henri et Gaston Boué qui étaient les voisins et cousins de Paul, un jeune homme Gaston Maury qui travaillait à la ferme et Monsieur Penaguin, pauvre vieux blessé de la guerre 14-18. Il y avait aussi les deux femmes qui étaient restées prisonnières.

Ils ne pouvaient pas s'enfuir et n'avaient aucun intérêt à le faire ni même à essayer.

Les allemands les ont emmenés vers le bourg, puis ils les ont conduits au château de Monsieur Cartier : ils avaient installé leur QG dans le château.

Après quelques interrogatoires, ils avaient fini par libérer les deux femmes ainsi que Monsieur Penaguin grâce à sa blessure.

Monsieur Cartier qui se trouvait à son domicile, est venu les rejoindre. Il était accompagné de l'abbé Huberdeau qui était le curé de la paroisse. Celui-ci parlait allemand couramment. Ce qui lui permit de pouvoir discuter avec les allemands sur le sort de ces quatre otages.

Le prêtre les a défendus comme il a pu, plaidant leur cause et essayant de prouver leur innocence.

Il avait même dit « Prenez moi tant que vous voulez mais lâchez-les ! ». Il avait offert sa vie.

Finalement, après les avoir fouillés, n'ayant rien trouvé de compromettant sur eux, les allemands finirent par les relâcher, sous réserve car à la moindre incartade en lien avec des actes de résistance, ils seraient les bouc-émissaires et seraient fusillés.

Paul, Henri, Gaston Boué et Gaston Maury sont donc repartis. Ils n'en menaient pas large pensant qu'ils ne parviendraient jamais à rentrer chez eux.

Sur leur route, ils ont rencontré quelques obstacles comme cet arbre abattu et en plein milieu de la route. Ils avaient dû le scier afin de libérer le passage et poursuivre leur route.

Paul, en arrivant chez lui, a pu rejoindre la rivière, la Creuse, qui n'était pas très loin.

Pour se faire oublier, il devait traverser la rivière pour rejoindre un village voisin qui lui, se trouvait dans le département de l'Indre, village plus tranquille.

Il n'était pas touché par la débâcle et une fois arrivé là-bas, il s'est réfugié, quelque temps, chez un ami, Monsieur Dechene, en attendant que cette sale histoire soit passée.

Moi, j'ai été prévenue de toute cette terrible aventure par le prêtre. Il m'a tout raconté. Je n'ai été rassurée que lorsque j'ai su que Paul était libre.

Nous avions cependant très peur des représailles sur sa famille mais Dieu merci les allemands n'en firent rien.

Quand nous nous sommes retrouvés, Paul et moi, nous nous sommes promis l'un à l'autre malgré notre jeune âge.

Nous avions compris qu'il en avait fallu peu pour que tout soit fini. Cette mésaventure a renforcé notre amour.

Pour nous, tout s'est arrangé mais malheureusement, ce ne fut pas le cas pour tout le monde. Beaucoup trop de personnes hélas, ont terriblement souffert et ont été et resteront d'atroces victimes.

Paul n'a jamais reparlé de cet épisode. Peut-être n'avait-il pas envie de s'en souvenir ?

*Voici la même histoire racontée par la fille de Monsieur Cartier, Eliette San Salvadore, née Cartier. Ce récit a été écrit le 15 mai 2008 à l'occasion de mes quatre-vingt-ans.*

« C'était la guerre, nous habitions à Yzeures sur Creuse : mon père Francis Cartier, ma mère, mes deux sœurs et mes deux frères.

Un jour, alors que je jouais dans le jardin, un allemand est arrivé, il parcouru le parc et la maison, et a dit : Réquisitionné !

Deux heures après arrivait la Kommandantur qui a envahi la maison.

Il nous restait la cuisine et la salle à manger. Peu à peu le parc était noir d'allemands et d'Indous. Pour une enfant habituée à courir, c'était dur et incompréhensible.

Malgré la nervosité des grandes personnes, le premier jour de leur arrivée s'était bien passé. Le second jour, une tension était palpable même pour une enfant de mon âge.

Tout à coup, j'ai vu Joseph Dumiau, notre domestique, partir en courant. Peu de temps après, il est revenu avec le maire, monsieur Boutet et du curé Huberdeau qui parlait allemand.

Ils discutaient à voix basse.

Pendant de temps, moi, je regardais par la fenêtre et c'est là que j'ai vu arriver quatre jeunes gens, les bras en l'air. Ils étaient encadrés par les allemands, mitraillette au poing.

Ils les ont alignés, toujours les bras en l'air, devant notre garage. Le premier avait son chapelet dans la main. C'était Paul, votre mari, père, grand-père, arrière-grand-père.

J'ai hurlé. Germaine Dumiau, notre cuisinière est arrivée. Elle m'a tirée en arrière. Mon cri a attiré mon père et le curé. Immédiatement, ils se sont précipités dehors. Je hurlais : « Papa, Papa ». Je suis revenue devant la fenêtre car personne ne faisait attention à moi.

Là, j'ai vu le curé et papa discuter avec un gradé allemand. Les autres tenaient toujours les jeunes gens en joue. La discussion m'a semblé très, très longue. Papa et le curé avaient également les bras en l'air. Puis tout à coup les bras se sont baissés.

Maman a hurlé « C'est fini ! ». Le cauchemar était terminé, tout le monde était sauvé.

Par la suite, j'ai souvent demandé à mon père ce qui s'était passé. Il m'a toujours répondu : « Nous avons discuté ! »

Bien plus tard, j'ai su que le curé et papa s'étaient proposés comme échange.

Inutile de vous dire que pendant des années, je faisais un détour pour ne pas passer à l'endroit où il y avait eu ce drame. ».

Ces témoignages sont importants et ils font partie de l'histoire, de la mienne mais aussi de ma descendance.

Nous avons eu une drôle de jeunesse, privés presque de tout et surtout privés de liberté. J'avais dix-sept ans quand la guerre se termina.

Pour moi, il y avait la guerre mais il y avait aussi la dureté de mon père. Je me suis rebellée à dix-huit ans.

J'avais réussi à obtenir de mon père le droit d'aller à une fête mais à condition d'être de retour pour l'heure de traite.

C'est vrai que mon père pouvait être dur, radin mais je crois qu'il était aussi sauvage, original, solitaire.

En vieillissant, il s'est rendu compte de cela je crois.

*Le curé Huberdeau, un homme très important*

# Ma vie de femme

## **La rencontre avec Paul :**

J'étais jeune quand j'ai rencontré Paul. Il avait dix huit ans et je le trouvais très beau. On se rencontrait à la messe

*Paul*

On habitait tous les deux Yzeures sur Creuse. Puis après la guerre, on a décidé de se fiancer. A l'époque, nous ne pouvions pas nous marier sans se fiancer. Cela faisait partie des coutumes.

Donc nous nous sommes fiancés le 25 aout 1946.

On faisait avec les moyens du bord : on a mis des draps sur la table.

J'ai écrit notre menu des fiançailles. On n'était pas beaucoup à nos fiançailles, la tribu habituelle : nos familles, nos voisines et les copains

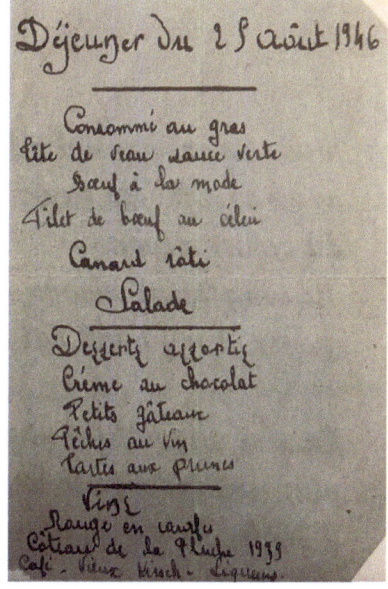

## **Mon mariage :**

Je me suis mariée le 26 Octobre 1946 à Yzeures sur Creuse. C'est comme si c'était hier. Le temps était mitigé. Il faisait beaucoup de vent ce jour-là.

J'avais une robe blanche en satin avec des dentelles devant et sur les manches.

C'était une couturière qui avait fait ma robe. Elle m'avait offert une belle sainte vierge de Lourdes pour l'occasion mais les enfants me l'ont cassé.

Mon témoin, c'était Gabriel Maillet, un oncle. Je l'ai choisi comme ça sans raison particulière.

Mon mari, lui, il portait un beau costume bleu marine. Qu'est- ce qu'il était beau mon mari dans son costume.

Il n'aimait pas les cravates. A l'époque les hommes portaient les cravates à chaque sortie. C'était la mode. Aujourd'hui les hommes n'en portent plus.

A chaque fois où nous sortions, mon mari mettait sa cravate mais elle finissait toujours dans sa poche. Elle ne s'usait pas comme ça.

Le témoin de mon mari, c'était le mari de sa marraine : Raoul Rivault.

A notre mariage, il y avait entre cinquante et soixante invités. Il y avait bien sûr la famille proche : de mon côté toute la famille n'était pas là car il y avait de la mésentente. J'avais invité mes parents bien sûr, mon oncle et ma tante, mes cousins. On s'est mariés à la mairie puis à l'église.

Le lieu de notre mariage, c'était dans la grange de ma belle-mère. On avait nettoyé la grange pour l'occasion et on avait accroché des draps pour décorer les murs. Il y avait des fleurs partout, c'était très beau.

Pour la cuisine, c'était Madame Gagnepain qui a préparé nos repas de mariage. C'était du boulot. Elle travaillait dans un hôtel et elle était très bonne cuisinière.

C'était une femme courageuse qui travaillait beaucoup mais elle n'était jamais pressée. Elle a tout fait manuellement. Il n'y avait pas de robot à l'époque. Je la revois encore monter la mayonnaise : d'une main, elle faisait couler l'huile et de l'autre, elle fouettait énergétiquement l'œuf, la moutarde pour faire monter la mayonnaise.

On s'est marié le matin. Puis on a déjeuné.

L'après-midi, on a fait une promenade, on dansait un peu et on ouvrait les cadeaux : un service à thé, des verres, des casseroles et un super carillon. Il est resté longtemps sur mon buffet. Je l'ai donné à mon fiston, Maurice et il sonne toujours, je crois.

Puis venait le repas du soir. On mangeait beaucoup à cette époque-là.

Je peux vous dire que l'estomac était bien rempli. Je ne sais pas comment on pouvait faire pour tout avaler !

*Photo du mariage des parents de Paul*

*Le jour de notre mariage*

*Jour de mariage*

*Photo de groupe*

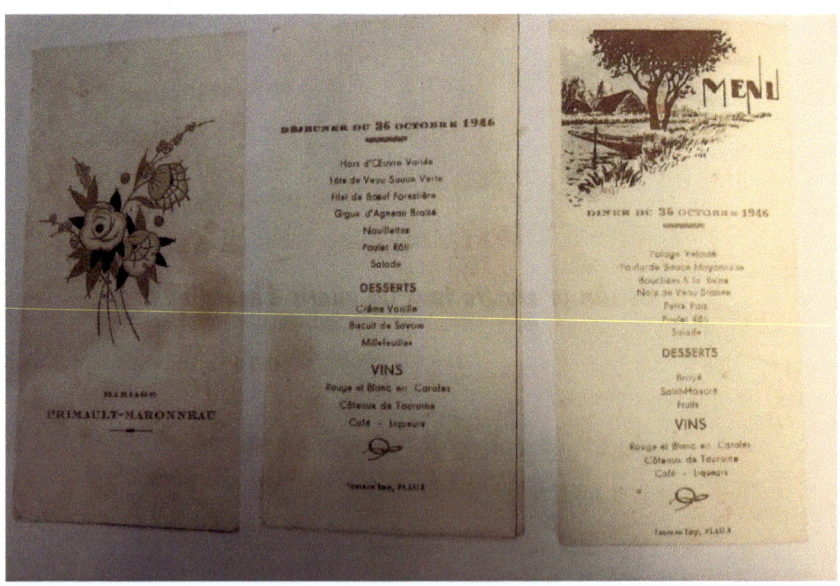

Marie, la mère de Paul et Juliette, sa grand-mère.

Mes parents

Photos prises le lendemain du mariage.

On a vécu pendant trois ans chez ma belle-mère parce qu'elle était veuve. C'était bien

Mon mari avait un frère et une sœur plus jeune que lui.

Maurice, notre aîné est né dans la ferme de ma belle-mère. Il est né neuf mois et demi après notre mariage, le 14 aout 1947.

J'ai accouché à la maison. A cette époque-là, on accouchait à domicile. La sage-femme qui était la belle sœur du médecin, se déplaçait jusqu' à la maison pour accompagner l'accouchement.

Les deux autres enfants sont nés à la ferme de mon père.

Pour mon dernier, l'accouchement a été très rapide. Si j'avais dû aller à la maternité, il serait né sur le trajet. C'était un beau bébé de quatre kilos.

Pour ce dernier accouchement, j'ai été allongée moins longtemps. Trois jours après la naissance, je courais partout alors que pour les deux premiers, c'était plus long. Il fallait rester plus longtemps au lit.

Il n'y avait pas de péridurale. Quand c'était trop dangereux, la sage-femme appelait le médecin et les femmes étaient conduites à l'hôpital.

## **Les enfants :**

Je ne voulais pas d'enfant unique car j'avais beaucoup trop souffert de ne pas avoir eu de frère ou de sœur. Nous avions décidé d'en avoir au moins deux mais la vie nous a donné par chance trois beaux enfants.

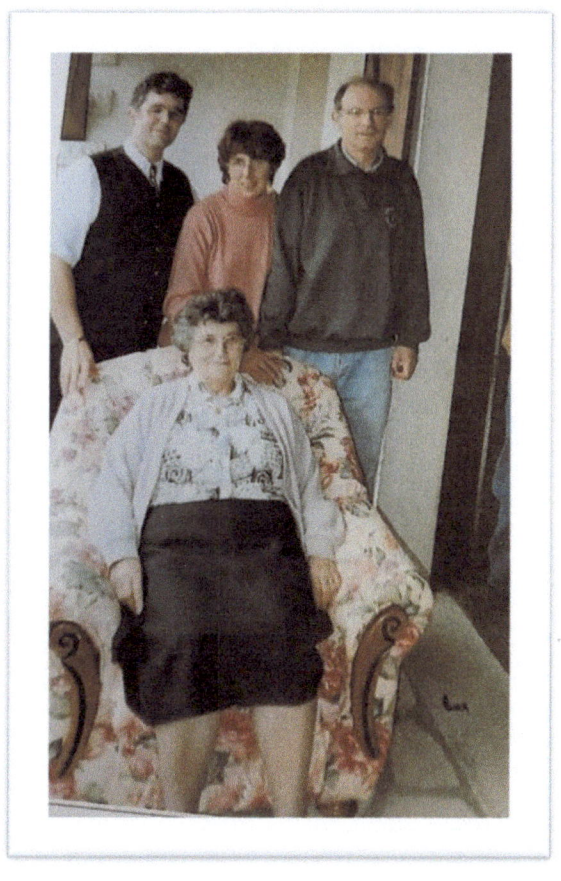

*Notre fils aîné :*

*Maurice*

Mariage de Maurice

Le 1$^{Er}$ Mai 1972

Il y a d'abord Maurice, notre fils ainé.

Il est né le 14 aout 1947. C'était un enfant mignon mais un peu capricieux parfois. Il était agréable et il ne se plaignait jamais. Maurice était gâté par son arrière-grand-père paternel.

Un jour, alors que l'arrière-grand-père poussait le landau dans lequel était Maurice, le landau s'est renversé.

Fallait les voir tous les deux, comme des gamins.

Quand ils partaient se promener, l'arrière-grand-père tenait Maurice par l'épaule. C'était très émouvant.

Maurice a fait toute sa carrière professionnelle au Crédit Agricole. Il a longtemps été à Descartes et ensuite il a été à Loches. Dans sa carrière, il a passé beaucoup de concours.

## *Notre fille : Jacqueline*

Jacqueline, elle est née le 03 mai 1952. Elle était timide, réservée. Elle a toujours été un peu comme ça. Elle était très intelligente. Elle n'a pas réussi à se faire au lycée. Ça a été difficile pour elle cette période. Elle a fait sa carrière à la Caisse d'épargne. Elle a travaillé dans plusieurs villages puis elle a fini à Loches comme conseillère commerciale. Dix ans avant sa retraite, elle travaillait à mi- temps et elle était la secrétaire de son mari qui avait une entreprise de plâtrerie.

Maintenant qu'elle est à la retraite, elle s'occupe de ses petits-enfants.

*Mariage de Jacqueline le 08 juillet 1972*

## *Le petit dernier : Michel*

Mariage de Michel le 27 Juin 1998

Michel est le dernier de mes enfants.

Il est né le 07 juillet 1959. Il a été gâté lui aussi. Michel n'aimait pas l'école mais il était travailleur. Quand il était petit, Michel avait deux soucis : manger et dormir. Mais quant il a grandi, il en a fait des bêtises. Il avait deux ou trois copains à l'école avec qui il faisait des coups pendables.

La maîtresse les a surpris avec une cigarette ! il avait des cigarettes dans les poches !

L'école ne l'intéressait pas du tout. Il a appris le métier de boulanger, il a eu son cap et pendant cinq ans, il a travaillé dans une boulangerie. Son patron l'a mis à faire des tournées et c'est comme ça qu'un jour il a dit : « Ça y est ! je sais ce que je veux faire comme métier : je veux faire des tournées ! ». Il avait pris goût aux transports.

Quand son patron est décédé, il a été licencié. Il est rentré dans l'ancienne maison Bredif à Tours.

Puis l'entreprise Bredif a été rachetée par l'entreprise Estivin. Il y est resté pendant plus de vingt ans, je crois.

Il avait fait beaucoup de stages quand il est rentré chez Estivin, des formations pour le transport. Il faisait des livraisons longs parcours.

Il a toujours été très heureux dans ce métier.

# La vie et son flot d'aventures

J'ai commis la plus grande erreur de ma vie : on a décidé d'aller vivre chez mon père parce qu'il vieillissait. Mon père et mon mari s'entendait bien au début mais malheureusement, ça s'est gâté plus tard.

On a travaillé avec mon père pendant quinze ans.

J'avais envie d'aider ma mère. Elle n'a pas eu de vie la pauvre. Elle n'était que l'ombre d'elle-même. Mon père commandait tout et partout.

La ferme était bien trop petite pour nous tous.

Moi, j'étais au milieu des deux et ce n'était pas facile croyez-moi. J'étais, comme on dit, entre la chèvre et le chou.

Mon père était resté à l'ancien temps alors que mon mari voulait évoluer. Mon père était têtu et trop dur.

Je n'en pouvais plus de rester à la ferme, je ne voulais plus de ce métier et je ne voulais plus rester dans cette France profonde.

Après la guerre, tout a évolué et bien trop vite. Une évolution épouvantable, il fallait suivre !

Cette évolution d'une rapidité sans nom, elle a fait mourir beaucoup d'agriculteurs parce qu'ils n'avaient pas les moyens de s'acheter les nouvelles machines comme les moissonneuses batteuses, les tracteurs qui ont remplacés les chevaux...

Cette évolution entraînait avec elle de nombreux investissements : les trayeuses, les salles de traites.

Cela coûtait beaucoup d'argent et peu d'agriculteurs avaient l'argent pour engager tous ces travaux.

Tout se modifiait : du matériel agricole, aux maisons, du confort à foison : les salles de bains, les WC.

Les petites fermes n'ont pas tenu le coup. Mes parents sont partis à la maison de retraite.

Nous, avec mon mari, on a rejoint alors la coopérative Lochoise à Villeloin-Coulangé près de Montrésor.

On y a travaillé pendant 10 ans. A partir de là, on a eu une vie normale.

On avait un logement de fonction. Il n'était pas très coquet, c'est vrai mais c'était bien mieux que la ferme de mon père. On l'avait arrangé, tapissé.

Michel, notre plus jeune fils a vécu dans le logement de fonction alors que nos deux premiers enfants, ils ont toujours vécu à la ferme. Ils sont partis de la maison après le collège pour aller travailler.

Ça marchait très bien. On a bien gagné notre vie.

J'étais dans mon élément dans cette coopérative. Je faisais les factures et la comptabilité et j'étais très heureuse.

On vendait des engrais, des aliments pour animaux, des produits chimiques et des céréales. Je n'avais pas peur de porter des sacs de 25 kilos.

Mon mari était très intelligent mais tout ce qui touchait la facturation, cela l'ennuyait alors c'est moi qui m'occupais des factures et c'est grâce à cet emploi que j'ai pris confiance en moi.

Dans son travail, mon mari n'allait jamais très vite mais tout ce qu'il faisait, il le faisait très bien. Moi, au contraire, il fallait que les choses aillent vite. Il me disait toujours : « tu vas trop vite ». C'était souvent une discussion entre nous.

Après la mort de mon père, j'ai vendu la maison pour un prix modique. C'était un taudis. C'était une petite maison en pleine campagne.

## **1950 : le début des grandes évolutions :**

Tout a été chamboulé à partir de là : l'agriculture, les maisons, les commerces.

**La machine à laver** : Ma belle-sœur en avait acheté une mais ma belle-mère ne voulait pas l'utiliser au début. Elle avait peur puis petit à petit, elle a réussi à s'y faire. C'était une vraie révolution cette machine à laver.

Moi, j'ai eu une machine à laver bien après. C'était une singer.

**Le gaz :** La gazinière, c'était tout un truc. Au début tout le monde pensait que c'était dangereux. Mais très vite, la gazinière était devenue indispensable.

**Les frigos :** Quelle révolution ! Pour garder nos aliments, on le mettait à la cave avant.

**Les salles de bain** : la douche : quel bouleversement !

Moi, j'ai découvert la douche quand on a acheté notre maison à la retraite.

C'était une sacrée découverte. On se posait beaucoup de questions : Est-ce que l'eau allait être bonne ?  Est-ce que l'eau allait être propre ?

J'ai dû m'adapter en permanence.

**Les voitures :**

Ça aussi, ça a été une sacrée révolution. A l'époque, le moyen de locomotion le plus courant, c'était le vélo.

Quand quelqu'un pouvait s'acheter une voiture, on pensait qu'il faisait des manières. Maintenant, la voiture est devenue indispensable.

J'ai commencé le permis mais je n'ai pas continué. J'ai arrêté quand je suis tombée enceinte. Du coup, je n'ai jamais eu le permis de conduire. J'ai regretté après.

Au départ, cela ne me gênait pas de ne pas avoir le permis de conduire car dans les bourgs des villages, il y avait tout ce dont on avait besoin. Puis petit à petit, tout a disparu au profit des supermarchés dans les grandes villes.

Il y avait l'épicier, le boucher, le boulanger qui faisaient leurs tournées dans les villages et on avait tout à portée de mains. Du coup, je ne voyais pas l'utilité d'avoir le permis de conduire. Malheureusement quand les tournées des épiciers, des boulangers, des bouchers ont disparu, j'ai regretté de ne pas avoir le permis car du coup, j'étais tributaire de quelqu'un tout le temps.

**Les carnets de chèque :** Pour mon père, le carnet de chèque c'était une plaie. Il détestait les carnets de chèques. Il lui fallait de l'espèce à entasser.

Il fallait qu'il voie son argent, qu'il le touche. Il ne comprenait pas que le carnet de chèque, c'était aussi de l'argent.

Après les carnets de chèque, il y a eu la carte bancaire et aujourd'hui le sans contact.

La première fois que j'ai entendu parler du sans contact, j'ai dit « Mais qu'est-ce que c'est ça encore ? ».

Remarquez, c'est pratique, tu n'as pas de monnaie et bien tu payes avec le sans contact.

Mon pauvre père, s'il voyait tout ça, il serait devenu fou.

Mais je crois aussi que Paul n'aurait pas aimé.

J'ai eu ma première carte bancaire après le décès de Paul donc après 1996.

**La télévision :**

La télévision avec les pièces :

En 1968, mon mari s'est cassé la cheville en montant à l'échelle. Il a donc été hospitalisé. Il avait dans la chambre une télévision à pièce.

Quand j'allais le voir, je n'avais pas intérêt d'oublier les pièces. Avant son hospitalisation, Paul n'aimait pas trop la télé. Mais à l'hôpital, il y avait pris goût. Il avait pris l'habitude de regarder un feuilleton.

Alors quand il est sorti de l'hôpital, il ne pouvait plus suivre le feuilleton. La catastrophe !

Ah oui, autre évolution aussi et celle-là, je ne sais pas si c'est mieux ou pas !

On restait plus longtemps à l'hôpital par rapport à aujourd'hui.

Aujourd'hui, tu rentres et tu sors dans la même journée pour des opérations simples. Faut faire des économies parait-il !

Puis, il y a eu aussi les télécommandes pour les télés. Nous, on a découvert la télécommande à l'hôpital Trousseau quand mon fils s'est fait opérer de l'appendicite en 1972.

Il était dans son lit d'hôpital et il changeait de chaîne avec la télécommande. On était tous bouche bée devant la télé. Maintenant on télécommande tout : la musique, les volets roulants.

**L'informatique :**

Quand on est arrivés à la retraite, il y a eu le minitel qui commençait. Avant, tout se faisait à la main et par papier.

Aujourd'hui même le minitel a disparu. C'est les ordinateurs, les tablettes et les téléphones portables, les smartphones comme on dit.

Moi, j'ai une tablette aujourd'hui ! Je continue à découvrir des tas de choses avec ces machins-là !

C'est ma fille Jacqueline qui m'a offert la tablette. Quand j'ai vu la tablette, j'ai dit : « Qu'est-ce que tu veux que je fasse de ce truc-là ? ». Maintenant, je ne pourrais pas me passer de ma tablette ou de mon téléphone.

J'ai des petits enfants qui sont loin et grâce à cette évolution, ils m'envoient des photos et comme ça, j'ai l'impression d'être proche d'eux et de voir leur évolution.

A 91 ans, je découvre toujours et j'apprends encore.

## **Les distractions :**

J'allais danser au bal peut-être six fois dans l'année. Cela dépendait du bal que c'était. J'aimais bien les bals musette avec l'accordéon. On s'habillait convenablement mais ce n'était pas non plus les grandes tenues.

J'aimais bien l'ambiance des bals. Parfois, il arrivait que certains garçons soient mal élevés et cela finissait en bagarre.

Ma danse préférée, c'était la valse. Pour bien la danser, il fallait avoir un bon cavalier. J'aimais bien les marches aussi. Mon mari, il ne dansait que ça les marches.

J'aimais bien danser mais mon mari lui, il n'aimait pas danser. Il préférait jouer aux cartes et pendant qu'il jouait, moi, je dansais avec un monsieur « un vieux gars » comme on disait à l'époque.

Un jour, on a fait un concours de danse, on a fini les derniers mais qu'est-ce qu'on a rigolé !

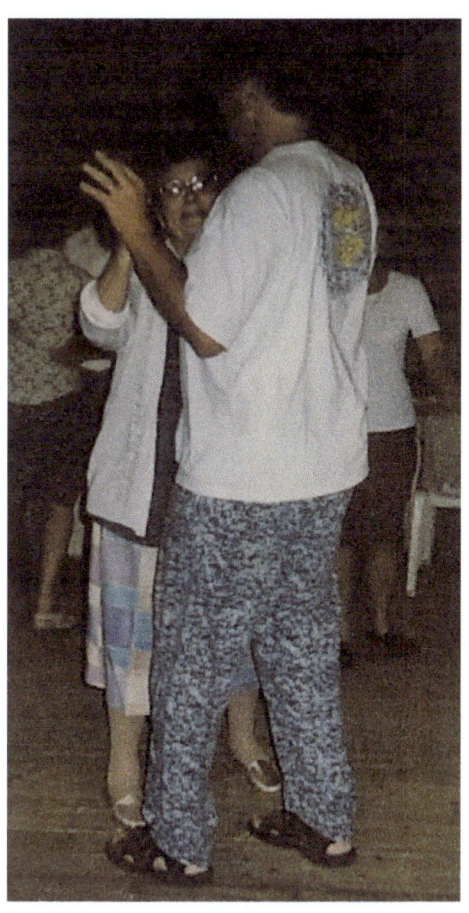

## **La retraite :**

Nous sommes restés pas loin d'une quinzaine d'années à la coopérative. Puis Paul a pris sa retraite.

Moi, j'ai continué à travailler encore un peu. J'ai remplacé une aide cantine scolaire qui était tombée malade. Je travaillais les lundis, les mardis, les jeudis et les vendredis. J'aimais bien les gamins.

Comme on avait quitté la coopérative, on a dû quitter le logement de fonction et c'est comme ça qu'on est devenus propriétaires pour la première fois.

La maison qu'on a achetée n'était pas trop excessive et elle correspondait à nos moyens. Elle avait appartenu à un homme dont la tante vivait dedans mais elle ne s'y était jamais plu.

On a été heureux dans cette maison.

Mais quand, Paul est tombé malade, il voulait être à Ligueil, près de sa fille.

Alors on a vendu la maison et on est allé à Ligueil.

J'ai été heureuse avec Paul, toute ma vie.

A la retraite, on a beaucoup voyagé : en France seulement. On a fait toute l'Auvergne, l'Alsace, Lourdes (deux fois), Paris.

Le car le fatiguait beaucoup. Il n'aimait pas les transports en communs, ce n'était pas son dada. On faisait aussi des petits voyages d'une seule journée pour se distraire.

Puis Paul est tombé gravement malade. Il avait un cancer généralisé.

Il est décédé en juin 1996. Je l'ai soigné pendant deux ans avec l'aide du S.S.I.A.D (services de soins infirmiers à domicile). Je lui remontais son oreiller pour qu'il soit bien. On ne se rend pas compte de tous ces petits gestes que l'on fait pour soulager la personne qu'on aime.

Il se rendait compte de son état. Il avait toute sa tête.

Il était très patient, très moderne. Il était très attaché à ses enfants.

Il a été un mois à l'hôpital où il a été opéré de l'estomac, de la rate, d'une partie de l'œsophage.

Au début de sa maladie, j'avais espoir qu'il survive mais un jour la doctoresse m'a dit : « il ne faut pas vous faire d'illusion. »

Il est pratiquement décédé dans mes bras. Il a été quinze jours en agonie avant de mourir. Ce n'est pas rien.

Dans son agonie, il m'a dit qu'il fallait que je continue de voyager, de me promener.

Mais sans lui, ce n'était pas pareil, je n'en avais pas l'envie. Mes enfants m'ont poussé à faire un voyage organisé à Rome. Ils se moquaient de moi car je n'avais jamais pris l'avion « Maman va prendre l'avion, on va rigoler ».

Le vol s'est très bien passé. Deux heures trente d'avion, c'est passé vite.

J'ai été dans le Var, à Porquerolles et aussi dans le Cotentin avec une copine en voyage organisé. Quand on est tout seul, on n'a pas envie de voyager. La solitude ça change tout.

*Paul était fumeur. Quand il a arrêté, il était infernal. On ne pouvait rien lui dire.*

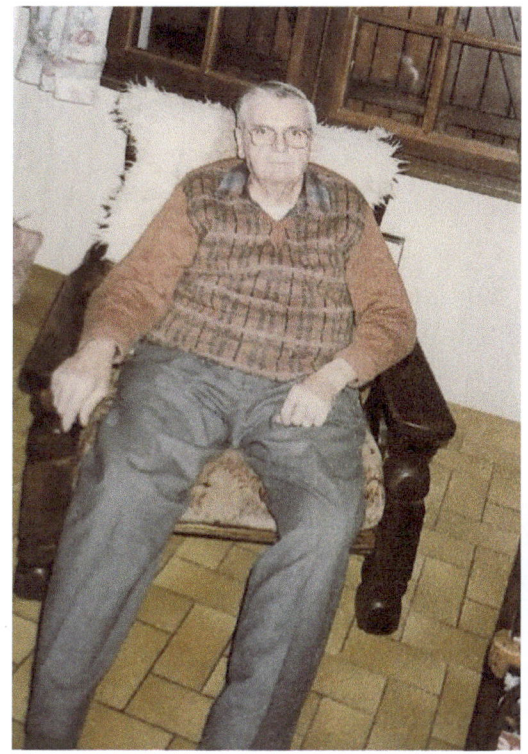

'avait offert pour mes 68 ans des boucles
reilles. Je les ai données à ma fille.

*Notre maison achetée à la retraite. Nous y étions bien. Elle était en centre-bourg.*

*L'île d'Yeu*  *Noirmoutier*

*Voyage à Rome. C'est Jean Paul II. C'est mon seul voyage à l'étranger. Je ne voulais pas y aller. C'est ma fille qui m'a poussé. Je n'aurais jamais imaginé voir le papa d'aussi prés.*

**Il faut continuer malgré l'absence.**

Ce n'est pas simple de continuer sans Paul mais heureusement il y avait mes enfants, mes petits-enfants et mes arrières petits-enfants qui me rendent tellement heureuse.

Puis il y avait aussi les voisines qui me soutenaient beaucoup.

Pour rompre la solitude, j'ai fait beaucoup de bénévolat pour l'église, pour le club de l'âge d'or.

Je chantais à la chorale de l'église et j'allais beaucoup à l'église.

Au début quand on est venu me chercher pour le bénévolat, j'ai hésité puis après je me suis prise au jeu.

Ça me faisait du bien et je me sentais utile.

Malheureusement, j'ai fait un AVC à soixante dix huit ans et après cet AVC, je ne pouvais plus parler.

J'ai du tout arrêter, toutes mes activités. Elles m'ont manqué tout de suite et elles me manquent toujours et beaucoup et j'y repense souvent avec nostalgie.

J'avais une voisine Agnella que j'aimais beaucoup et on se voyait beaucoup. Elle avait quatre-vingt-dix ans. Elle était polonaise et sourde.

Alors imaginez le duo que l'on faisait après mon AVC : elle qui n'entendait pas et moi qui parlais mal. Qu'est-ce qu'on a rigolé toutes les deux !

Quand elle rentrait de ses courses, elle frappait à mes carreaux et elle disait « Café ». Alors je la rejoignais pour boire le café.

Elle faisait chauffer son café trop fort et elle disait toujours « Café pas chaud, café pas bon ! ».

C'était une brave femme. Elle avait beaucoup travaillé toute sa vie. Qu'est ce que je l'ai aimé cette femme !

Quand elle est décédée, sa famille m'a invitée à se joindre à eux dans l'église. J'étais considérée comme un membre de la famille.

## CANTON DE LIGUEIL

**LIGUEIL**

## La sérénité du club de l'Age d'or

A la table du bureau directeur du club de l'Age d'or

Une fois par an, le club de l'Age d'or délaisse les jeux, mais juste le temps d'écouter les bilans d'une année écoulée et suivant les règles d'une assemblée générale. Dans ses propos de bienvenue, Lucette Simonnet, la présidente, présentait ses vœux de bonne année à toutes et à tous, avec cependant une pensée pour ceux qui sont malades, handicapés, ou dans la solitude. Et puis, les comptes financiers énoncés par Madeleine Bureau, trésorière, rappelaient les activités de toute une année.

Une année fertile en événements, avec tout d'abord les rencontres hebdomadaires du jeudi animées par des jeux en salle, ou des parties de boules en plein air. De-ci de-là des goûters à thème et de tradition, suivant l'époque de l'année (Noel, Pâques, etc.). Il y a diverses sorties et spectacles, ainsi qu'un grand pique-nique annuel. Et également des voyages, hors de la Touraine. Dans le courant d'une année, le club organise un concours de belote, un thé dansant et son banquet annuel.

L'assemblée générale à peine terminée, les jeux reprenaient leur droit et avant de se séparer, une succulente galette des Rois était servie accompagnée d'un verre de pétillant et dans la bonne humeur.

# LIGUEIL
*NR du 3/02/05*

## Tout va bien au club de l'Age d'or

Tous les jeudis les membres du club de l'Age d'or, se réunissent, pour entretenir les liens d'amitié, et aussi pour participer à divers jeux de société. Et une fois par an, grand rassemblement pour l'assemblée générale destinée à faire le point sur les activités, présentées par Irène Primault la secrétaire. Les finances analysées par Madeleine Bureau trésorière, se révèlent être positives. Puis suit l'intervention d'Armel Lyaet le président avec des propos de bienvenue tout en ayant une pensée, envers ceux et celles disparus en 2004.

Le club a des projets, avec un prochain concours de belote et plus tard un jeu de loto, un thé dansant, un pique-nique. Un rendez-vous à ne pas manquer avec un repas à Pâques et le banquet au début de l'automne. Le club organise aussi des sorties et des voyages, dont l'un est programmé dans le courant du mois de juin, en Ardèche.

L'assemblée générale terminée, les jeux de cartes ont repris bien vite, et avant de se séparer la galette des rois était partagée, toujours dans la bonne humeur.

Le bureau directeur : Président, Armel Lyaet. Vice-président, Michel Brault. Secrétaire, Irène Primault. Secrétaire adjoint, Jean Cyr. Trésorière, Madeleine Bureau. Trésorier-adjoint, Edmond Doury. Membres, Madeleine Bergerault, Janine Cyr, Janine Doury, Serge Demay, Lucette Simonnet et Abel Blanchet.

*Correspondant NR : André Laveau, tél./fax 02.47.59.68.52*
*E-mail : laveau.andre@wanadoo.fr*

Les membres du bureau.

*Vente de gâteaux*

Dans un autre chapitre, je vous ai parlé de la naissance de mes enfants alors je vais continuer de vous parler un peu plus de notre descendance car mes enfants sont devenus à leur tour parents puis grands-parents.

Maurice s'est marié le 1 er mai 1972 avec Isabelle. Ils ont eu quatre enfants : Jérôme, les jumeaux : Vincent et Sylvain et Anne Laure. Ils habitent la Roche Posay.

Et ils ont 5 petits-enfants : Suzy, Lison, Albin, Gabin et Catel.

Jacqueline s'est mariée le 08 juillet 1972 avec Jacques. Ils habitent à Ligueil dans une maison qu'ils ont construit. Ils ont eu trois filles : Béatrice, Céline, Aurore.

Et ils ont sept petits-enfants : Elise, Jasmine, Louna- Rose, Jules, Lilou, Lola, Melvin.

Puis pour finir, Michel s'est marié le 27 juin 1998 avec Mireille. Il habite aux deux Lions à Tours. Michel n'a pas eu d'enfants mais il a toujours considéré les enfants de Mireille comme ses propres enfants : David et Stéphane.

Ils ont trois petits enfants : Léane, Marine, Baptiste.

Il y en a du monde dans ma vie.

Aujourd'hui, mes petits enfants sont quasiment tous séparés. Ça aussi, c'est une grande différence avec mon époque ou celle de mes parents, même malheureux, on ne se séparait pas. C'était très mal vu.

Heureusement aujourd'hui, on peut se séparer d'un mari violent ou si on n'est pas heureux.

Mais je trouve quand même qu'on divorce facilement. Un truc ne va pas et hop, je te quitte.

Bref c'est une autre époque, une autre évolution. Maintenant, on peut avoir plusieurs vies dans une.

*Le mariage de Michel avec le père Félix.*

*Suzie, Lison, Albin*

*Lola, Elise, Melvin, Jules, Jasmine, Lilou*

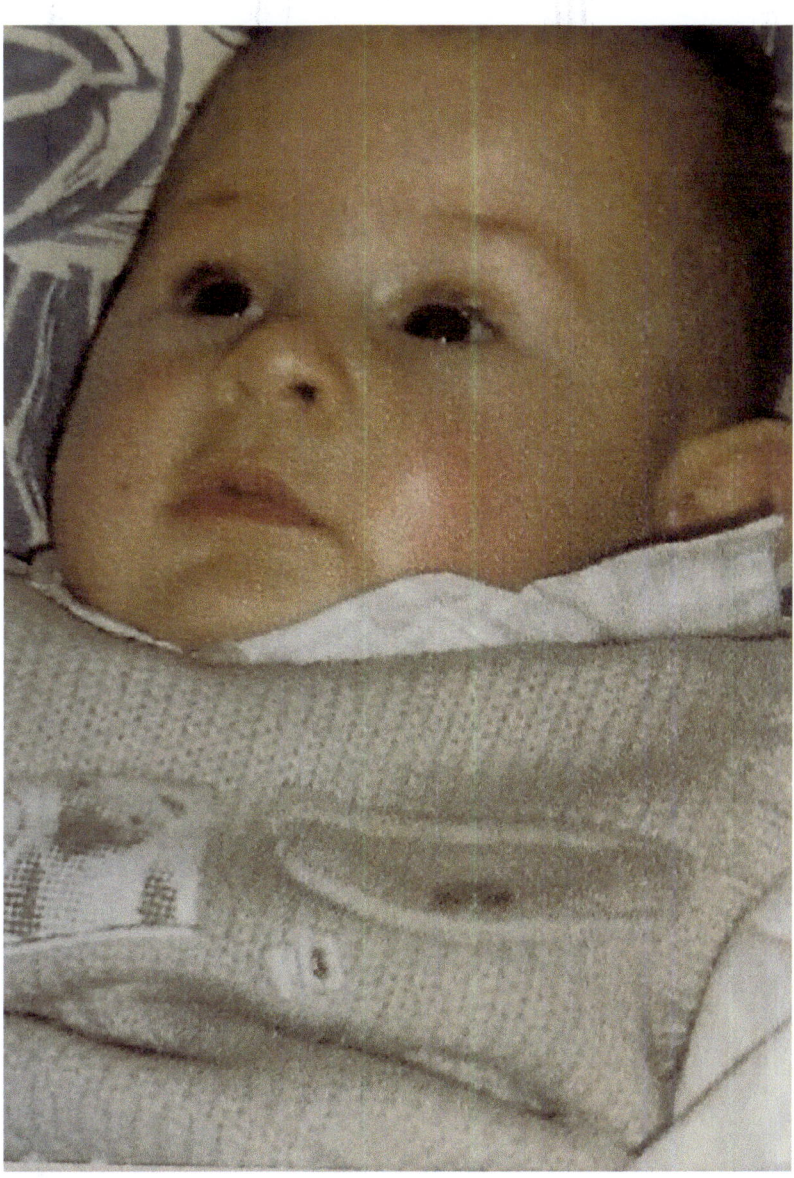

*Baptiste*

82

*Lola*

Jasmine

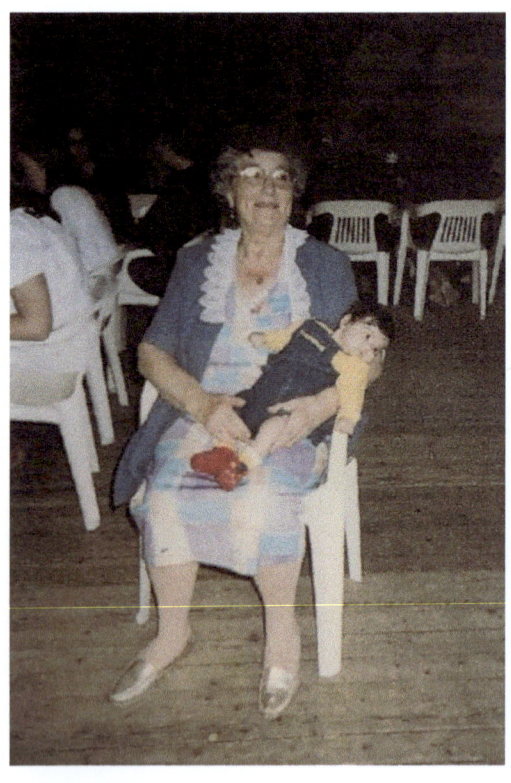

Susie

Baptiste

*Lison*

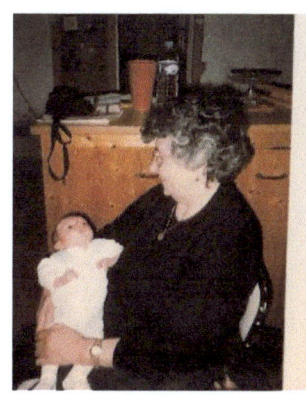

Elise  Melvin  Jules

Albin

# La vie à la résidence : Jeanne Jugan. La ville aux Dames

Je suis arrivée à la résidence le quinze décembre 2018. Je ne l'ai pas choisi, il faut le dire.

J'aurais préféré rester chez moi. Même si je suis bien maintenant ici.

Ce qui est le plus difficile : c'est d'apprendre à vivre en communauté avec des gens qu'on ne connait pas et qu'on n'a pas choisi.

Imaginez déjà la vie de couple ce n'est pas tous les jours facile. Il faut faire des compromis, parfois se taire mais on a choisi de vivre avec la personne.

Là, on ne choisit pas et l'être humain n'est pas habitué à cela alors il faut un peu de temps.

Pour vivre en communauté, il faut avoir des yeux, des oreilles mais pas de langue !

Là aussi, faut faire des concessions, si on veut que tout se passe bien.

Quand on vieillit, il faut se faire une raison, il est difficile de rester chez soi seule. Ça devient assez rapidement dangereux. On ne tient plus vraiment debout. Ça balance ! Heureusement que j'ai mon petit chariot.

Alors c'est sûr, on n'est pas vraiment chez soi mais on peut y emmener un petit bout de sa maison : un fauteuil, une armoire, une table… et se sentir enfin un peu comme à la maison.

Et puis ici on est en sécurité. S'il nous arrive quelque chose, il suffit de sonner et les filles arrivent.

Elles sont vraiment gentilles les filles. Elles sont prévenantes, bienveillantes, drôles. Je ne peux pas me plaindre car elles sont toutes très professionnelles.

Puis il y a aussi les activités : la belote, le scrabble, les ateliers d'écriture avec Pascaline, le jardin, les discussions avec les autres résidents.

Et quand je me sens un peu loin de ma famille, il y a la fameuse tablette ! Je peux être en contact avec mes enfants ou petits enfants quand j'en ai envie et quand ça marche !

## **Une drôle d'époque : le confinement**

Pour moi, cela n'a pas vraiment changé grand-chose mais pour toute la société en somme, c'est une véritable catastrophe.

Ne plus voir mes enfants, les petits enfants, la famille c'est comme être en prison tout compte fait et puis on ne peut pas sortir comme on veut.

C'est pour les autres que j'ai peur parce qu'à mon âge, quatre-vingt-douze ans, mourir du coronavirus ou d'autre chose, cela ne change pas grand-chose.

Personne de la famille, fort heureusement n'a été malade.

Il y a des gens qui ont été éprouvés ou qui souffrent de ce fichu covid.

La vie s'arrête. On est complétement dans le vide. On a plus d'activité : plus de messe, plus de chant, plus d'atelier d'écriture. On a quand même une sacrée privation.

Marcher pendant une heure seulement à un kilomètre autour de chez soi, y a de quoi tomber fou !

Heureusement que j'ai des occupations comme mes jeux de mots, la lecture, la tablette pour faire passer les journées. Et puis il y a aussi la sieste ! Je ne m'ennuie pas.

Mes arrières petits enfants ont mis en place une correspondance avec moi. Je leur raconte mes journées : ce que je mange, ce que je fais et ils me répondent.

Quand ma fille Jacqueline vient me voir, elle me donne le cahier de correspondance. Je lis ce que les petits enfants ont écrit et je leur réponds.

Mon fils Maurice, il a soixante treize ans et il habite à la Roche-Posay. Alors pas question qu'il vienne me voir avec le confinement. Il me téléphone toutes les semaines. Heureusement qu'il y a le téléphone.

C'est vrai que le confinement me rappelle parfois un peu la guerre par exemple avec les autorisations de déplacements que nous appelions les laissez -passer puis il y avait aussi le couvre-feu comme aujourd'hui !

J'ai connu la guerre, je n'avais pas connu de pandémie.

Ben voilà c'est fait ! C'est vraiment un truc bizarre, ce virus !

Et malheureusement, ce n'est pas fini, je crois !

Je vais terminer mon livre sur cette drôle de période que nous traversons puisque nous sommes à nouveau en confinement depuis le mois de novembre mais c'est un peu plus allégé.

Au premier confinement, on a été confinés dans nos appartements avec l'interdiction d'en sortir ! On mangeait dans nos appartements, tous seuls comme des gosses punis et on avait plus de visite.

Sur ce second confinement, on peut continuer de manger dans la salle à manger, on a des animations et on peut recevoir notre famille. C'est quand même mieux non ?

Je ne sais pas comment vont se passer les fêtes de Noël mais ce sera probablement moins festif que les autres années.

J'ai traversé presqu'un siècle d'évolution à la fois technologique, intellectuel, social et pourtant on continue de mourir sous le joug d'un virus, sous le joug des terroristes et très souvent on se retrouve si petit face à la nature. Elle peut tout nous donner comme elle peut tout nous reprendre en quelques secondes.

Je voulais écrire ce livre pour mes enfants bien-sûr mais surtout pour mes petits-enfants et arrière-petits-enfants. C'est une transmission, un héritage pour qu'ils sachent l'histoire de leur famille et qu'ils puissent aussi se rendre compte de tout le chemin que j'ai parcouru : de la gamine qui vivait à la Pluche sans aucun confort à l'arrière-grand-mère qui a une tablette et qui les aime si fort.

A vous mes arrières petits-enfants, maintenant, c'est à vous de continuer l'histoire….

© 2020, Irène Primault

Édition : Books on Demand,
12/14 rond-Point des Champs-Elysées, 75008 Paris
Impression : BoD - Books on Demand, Norderstedt, Allemagne
ISBN : 9782322242559
Dépôt légal : décembre 2020